양회락 시조집

몽돌
Mongdol

몽돌 Mongdol

2025년 11월 1일 발행

지은이 양희락

펴낸이 강경호   마케팅 강나루   디자인 정찬애
펴낸곳 도서출판 시와사람
등록 1994년 6월 10일 제 05-01-0155호
주소 광주시 동구 양림로 119번길 21-1(학동)
전화 (062)224-5319   E-mail jcapoet@hanmail.net

ISBN 978-89-5665-797-4   03810

· 잘못된 책은 구입하신 서점에서 바꾸어 드립니다.
· 값은 표지에 있습니다.

공급처 ■ 한국출판협동조합
경기도 파주시 탄현면 오금로 30
주문전화 (02)716-5616, 070-7119-1740

이 도서의 국립중앙도서관 출판예정도서목록(CIP)은
서지정보유통지원시스템 홈페이지(http://seoji.nl.go.kr)와
국가자료종합목록 구축시스템(http://kolis-net.nl.go.kr)에서
이용할 수 있습니다.

ⓒ 양희락, 2023
저작권에 의해 보호를 받는 저작물이므로
저자의 허락 없이 무단 전재와 복제를 금합니다.

몽돌
Mongdol

시와
사람

시인의 말

첫째도, 둘째도, 셋째도 하나님께 감사드립니다.

한평생 태권도를 수련하여 제자를 양성했습니다

나이 칠십을 넘기며 이슬, 풀벌레, 자연이 신비하여 글을 쓰기 시작했습니다.

저의 글을 지도해 주신 박덕은 한실문예창작 지도 교수님께 평생 감사드립니다.

그리고 귀한 사진을 주신 김재천 시인님, 이현숙 선생님, 최근영 선생님, 서현종 선생님, 박준기 선생님, 윤여정 친구에게 감사드립니다.

그리고 미국 뉴욕에서 태권도를 보급하고 있는 우기조 사범, 한국체육대학을 졸업하고 아이들을 가르치고 있는 나규호 제자에게 고마움을 전합니다.

평생을 저를 위해 기도해 준 아내에게 사랑을 전하며 사랑하는 딸 석미 가족, 아들 일석이 가족에게도 사랑을 전합니다.

2025년 11월 1일, 양회락

■ 서시

몽돌

이쁜 데 하나 없어 날마다 파도치면
터지고 상처난 몸 저 혼자 달래면서
구르고 또 구르다가 동그래진 저 노래

본성은 하늘 닮아 수천 년 기도하며
깎으며 또 깎으며 모 없이 두리뭉실
구계등 자갈밭에서 성불하는 돌부치.

Mongdol

Not a single grace adorns me, each day the waves
   crash and break—
My wounded body, healing itself, rolls and rolls—
until I am rounded, that quiet song.

My nature mirrors the sky, praying through a
   thousand years—
chipped and worn, softly, without corners—
on the gravel shore, I awaken—a stone Buddha.

몽돌 Mongdol _ 차례

□ 시인의 말 _ 7
□ 서시

몽돌 _ 8   Mongdol _ 9

제1부 유혹의 계절 Season of Temptation

춘경春景 _ 22	Spring Scenery _ 23
자목련 _ 24	Purple Magnolia _ 25
염주괴불주머니 _ 27	Beadpouch _ 27
봄날·1 _ 28	Spring Day·1 _ 29
봄날·2 _ 31	Spring Day·2 _ 31
봄날·3 _ 33	Spring Day·3 _ 33
종착역 _ 35	Final Stop _ 35
부탁 _ 37	Request _ 37
낙화落花 _ 39	Falling Flowers _ 39
실버들 _ 41	Young Willows _ 41
봄 _ 43	Spring _ 43
입춘 _ 45	Beginning of Spring _ 45
꽃샘추위·1 _ 46	Spring Cold·1 _ 47

몽돌 Mongdol _ 차례

꽃샘추위 · 2 _ 49	Spring Cold · 2 _ 49
유혹의 계절 _ 51	Season of Temptation _ 51
그리움 · 1 _ 52	Longing · 1 _ 53
떠나가는 봄 _ 54	Spring Passing Away _ 55
유혹 _ 57	Temptation _ 57
첫사랑 _ 58	First Love _ 59
봄 소식 _ 61	Spring News _ 61
항심恒心 _ 63	Constancy _ 63
큰봄까치꽃 _ 65	Veronica persica Poir _ 65
광대나물꽃 _ 67	Lamium amplexicaule _ 67
화엄매 _ 69	Avatamsaka Plum _ 69
홍매화 · 1 _ 71	Red Plum Blossom · 1 _ 71
홍매화 · 2 _ 73	Red Plum Blossom · 2 _ 73
우중매雨中梅 _ 75	Plum in the Rain _ 75

몽돌 Mongdol _ 차례

제2부 꽃무릇 연정 Red spider lilies Love

맥문동꽃 피면 _ 79	When the Lilyturf Blooms _ 79
메꽃 _ 80	Convolvulus _ 81
해바라기 _ 82	Sunflower _ 83
버들마편초 _ 85	Willow Verbena _ 85
소금꽃 _ 87	Salt Flower _ 87
나팔꽃 _ 89	Morning Glory _ 89
는개 _ 90	Drizzle _ 91
초화화 _ 93	Talinum calycinum _ 93
자미화 · 1 _ 95	Crape Myrtle · 1 _ 95
자미화 · 2 _ 97	Crape Myrtle · 2 _ 97
여름 바다 _ 99	Summer Sea _ 99
무지개 · 1 _ 101	Rainbow · 1 _ 101
무지개 · 2 _ 103	Rainbow · 2 _ 103

몽돌 Mongdol _ 차례

옥수수 _ 104	Corn _ 105
물꽃 _ 107	Water Flower _ 107
붉은 별 _ 109	Red Star _ 109
해당화 _ 111	Rosa rugosa _ 111
유월에는 _ 113	In June _ 113
아침 이슬 _ 115	Morning Dew _ 115
백수련 _ 117	White Lotus _ 117
거미 _ 118	Spider _ 119

몽돌 Mongdol _ 차례

제3부 꽃무릇 연정 Red spider lilies Love

기차 여행 _ 123	A Train Journey _ 123
억새 _ 124	Silver Grass _ 125
나도 모르겠다 _ 127	I Don′t Know Either _ 127
오늘도 _ 129	Today, Too _ 129
자화상 _ 130	Self-Portrait _ 131
소국 _ 133	Small Chrysanthemum _ 133
담쟁이넝쿨 _ 134	Ivy Vine _ 135
저녁놀·1 _ 137	Evening Glow·1 _ 137
저녁놀·2 _ 138	Evening Glow·2 _ 139
헌시獻詩·1 _ 141	Dedicatory Poem·1 _ 141
헌시獻詩·2 _ 142	Dedicatory Poem·2 _ 143
가을 운동회 _ 145	Autumn Sports Day _ 145
비경 _ 146	Hidden Scenery _ 147
월송대月松臺 148	Wolsongdae _ 149

몽돌 Mongdol _ 차례

코스모스 · 1 _ 151	Cosmos · 1 _ 151
코스모스 · 2 _ 152	Cosmos · 2 _ 153
2025. 나주 영산강 축제장 _ 154	
2025. Naju Yeongsan River Festival _ 155	
모정 · 1 _ 157	Mother's Love · 1 _ 157
모정 · 2 _ 158	Mother's Love · 2 _ 159
꽃무릇 연정 _ 161	Red spider lilies Love _ 161
가을 정경 _ 163	Autumn Scene _ 163
억새꽃 _ 165	Silver Grass _ 165
불꽃 _ 167	Flame _ 167
소묘 _ 169	Sketch _ 169
가을 _ 170	Autumn _ 171
짝사랑 _ 173	Unrequited Love _ 173
오늘 _ 175	Today _ 175

몽돌 Mongdol _ 차례

제4부 절집에서 At the Temple

동백꽃 _ 178	Camellia _ 179
향수 _ 181	Nostalgia _ 181
춘소春宵 _ 182	Spring Night _ 183
매화 _ 185	Plum Blossom _ 185
연자방 _ 186	Lotus pip _ 187
절집에서 _ 188	At the Temple _ 189
깨달음 _ 190	Realization _ 191
소설小雪 _ 193	First Snow _ 193
고백 _ 195	Confession _ 195
그리움 _ 197	Longing _ 197
자비 _ 198	Compassion _ 199
우중동백雨中冬柏 _ 201	Camellia in the Rain _ 201
고드름 _ 203	Icicle _ 203
동지죽 _ 205	Dongji Porridge _ 205
성에꽃 _ 207	Frost Flower _ 207

제5부 달 품은 꽃 Flowers Embracing the Moon

무심행 _ 210	Walk in Serenity _ 211
행복 _ 213	Happiness _ 213
여명 _ 215	Dawn _ 215
왜가리 _ 216	Ardea cinerea _ 217
달 품은 꽃 _ 219	Flowers Embracing the Moon _ 219
해거름 _ 220	Sunset _ 221
전복 _ 223	Abalone _ 223
바다 _ 225	Sea _ 225
유희 _ 227	Play _ 227

금안골 한옥집 잔칫날 _ 228
Feast Day at Geumangol Hanok House _ 229

평설/ 박덕은 _ 230

몽돌 Mongdol

제1부

유혹의 계절
Season of Temptation

춘경 春景

갈수록 한가한 몸 벚꽃길 걸어간다
하늘은 연분홍빛 꽃잎에 가렸구나
여기는 환희 별천지 인간 세상 아니다

그윽한 꽃길 따라 정취를 느끼면서
인생길 굽이굽이 추억 속 돌아보니
봄햇살 삼라만상이 어우러져 빛난다.

Spring Scenery

With leisure in my step, I walk the cherry-blossom road.
The sky is veiled by petals of tender pink—
a realm of joy, no longer the human world.

Following the serene path, I breathe in its charm.
Looking back on life's winding ways through memory,
all things shimmer together in spring's bright light.

자목련

겨우내 움츠렸던 외로움 걷어내고
벙그는 꽃잎 위에 그리움 눌러앉혀
열병에 따스한 입술 몽실몽실 되었다

새봄을 연모하여 애타게 기다리니
염색장 천연염색 통물 속 찰랑찰랑
솔바람 하늘을 보며 덧칠하는 자줏빛.

Purple Magnolia

I cast away the loneliness that curled through winter,
pressing longing upon the swelling petals—
my fevered lips turn softly warm.

Yearning for a new spring, I wait in aching desire.
The lye of natural dye ripples in the vat,
as the breeze through pines paints the sky with violet
   hues.

염주괴불주머니

자비가 살아났다 고요한 모퉁이에
한 잎씩 마음 열고 향자락 감추면서
세상과 거리 두고서 이 봄 다시 피었다.

Beadpouch

Compassion stirs again in a quiet corner.
Leaf by leaf, I open my heart, hiding its scent—
apart from the world, I bloom once more this spring.

봄날·1

노목의 곁가지에 홍매화 벙글벙글
눈감고 귀 막아도 바람결 붓질 따라
활짝 핀 꽃잎 향기에 햇봄 온 줄 알겠다

슬바람 살랑살랑 콧노래 흥얼흥얼
붉은빛 온화하게 꽃잎에 내려앉아
카메라 세례 받으니 뒤태마저 이쁘다.

Spring Day·1

Red plum blossoms smile on an old tree's branch.
Even with eyes closed and ears covered,
the brush of the breeze tells me spring has come.

The pine wind hums a gentle tune.
Soft crimson settles upon the petals—
bathed in camera light, even her back is lovely.

봄날·2

달 밝아 잠 못 드니 마음속 싱숭생숭
명자씨 눈 비비며 귓불이 빨개진다
혹시나 님이 오실까 설레이는 이 달밤.

Spring Day·2

Sleepless beneath the bright moon, my heart stirs.
Myeongja rubs her eyes; her ears grow red.
On this moonlit night, I tremble—perhaps my love will come.

봄날·3

봄바람 신이 나서 홍매화 꼬시더니
대웅전 지붕 위에 신방을 차렸구나
어쩌랴 선홍빛 자국 지워지지 않으니.

Spring Day·3

The spring breeze, delighted, wooed the red plum
 blossoms
and built a bridal room upon Daeungjeon′s roof.
Ah—those crimson traces will never fade.

종착역

어떻게 살았는지 기억이 나지 않아
곱씹어 생각해도 인생길 꼬불꼬불
오늘도 희디흰 머리 거친 두 손 놓는다.

Final Stop

I can't recall how I have lived.
Even upon reflection, life's road winds endlessly.
Today again, I release my rough hands, my white hair
    falling.

부탁

꽃인가 나물인가 헷갈려 알 수 없다
해맑은 미소꽃에 능애가 날아와서
기양초 넘치는 양기 어서 빨리 퍼 가소.

Request

Is it a flower or a wild herb? I can't quite tell.
A butterfly flits to the bright smiling bloom.
Please, carry away this overflowing warmth and light.

낙화 落花

동구 밖 살구꽃들 찬란히 일했는데
시샘한 꽃샘바람 일자리 뺏어간다
거리로 내몰리면서 하얀 눈물 쏟는다.

Falling Flowers

The apricot blossoms beyond the village worked in splendor,
But the jealous spring wind steals their place—
driven out into the streets, they shed white tears.

실버들

물오른 사춘기가 연둣빛 덧칠하니
호기심 한 올 한 올 빗질한 설렘 자락
인증샷 셀카 찍으며 나풀나풀 웃는다.

Young Willows

Adolescent sap rises, painting them soft green.
Each strand of curiosity is brushed with a touch of thrill—
they flutter and laugh, snapping a bright selfie.

봄

바람이 노랑 노랑 춤추며 다가오면
햇살결 꽃바람에 살포시 내려앉아
취한 듯 산수유 향기 어쩔 줄을 모른다.

Spring

When the yellow wind comes dancing near,
sunlight settles gently on the flower breeze—
the scent of cornel blooms, drunk with delight, loses
  itself.

입춘

가슴속 파고드는 칼바람 불어와도
봄햇살 한 자락에 말갛게 피어나는
민들레 웃음소리에 그리움이 춤춘다.

Beginning of Spring

Even as the bitter wind pierces my heart,
a strand of spring sunlight blooms pure and bright—
to the dandelion's laughter, my longing begins to
    dance.

꽃샘추위·1

이파리 꽁꽁 얼어 움츠린 봄의 처소
시리게 피었다가 꽁꽁 언 번지수들
심통난 폭설 때문에 꼼짝 못한 주소지

파묻힌 눈 속에서 조금씩 침범되는
봄햇살 한 자락은 화들짝 놀라는데
안간힘 밀어붙이는 고집불통 어쩌나.

Spring Cold·1

Leaves frozen stiff, spring's dwelling shrinks in on itself.
The buds that bloomed through frost now sealed in ice,
their home address buried beneath a sulking snowstorm.

Beneath the piled-up snow, little by little, light seeps in—
a single ray of spring sunlight startles awake,
yet stubborn will pushes through with desperate force.

꽃샘추위·2

햇봄을 시샘하는 눈꽃이 쏟아진다
실바람 깜짝 놀라 어정쩡 눈치본다
산수유 굴하지 않고 당당하게 맞선다.

Spring Cold·2

Snow blossoms fall, jealous of the spring sun.
A gentle breeze startles, glancing awkwardly aside,
but the cornel blossoms stand proud and unyielding.

유혹의 계절

명자의 전성시대 드디어 도래했나
동산에 함박웃음 흘리며 수다떤다
봄처녀 설렘 박동수 부추기며 눈 찡긋.

Season of Temptation

Has the age of Myeong-ja's bloom finally come?
Laughter spills through the hillside as they chatter—
the spring maiden winks, teasing every heartbeat.

그리움·1

상현달 고운 미소 문고리 앉혀 놓고
살며시 푼 옷고름 사월의 벚꽃 아씨
은은한 신비로움에 달빛 사랑 넘친다

달콤한 눈빛으로 설레는 봄의 내음
쪼르르 날아간 뒤 그리움 밀려오니
연분홍 첫사랑처럼 그대 사랑 물든다.

Longing·1

The crescent moon smiles, perched on my door latch;
April's cherry-blossom lady loosens her tie,
moonlit love brims in her soft mystery.

The scent of spring flutters with sweet glances—
after it flies away, longing returns,
your love stains me like a blush of first love.

떠나가는 봄

별똥별 때죽꽃들 우수수 떨어진다
풀숲의 초록 이끼 흰 별들 아플까 봐
살며시 가슴속 열고 포근하게 안는다

어여쁜 꽃잎마다 순백의 여린 미소
추억을 내려놓고 수줍게 웃는 눈빛
소롯이 식어 가면서 내 눈시울 적신다.

Spring Passing Away

Falling stars, clusters of flowers drift down;
green moss cradles them, fearing they'll ache,
I open my heart and hold them warm.

Each tender petal wears a pure white smile,
eyes shyly let go of their memories—
as the warmth fades, tears moisten my gaze.

유혹

풋풋한 꽃내음이 햇살을 희롱하고
지나는 길손 불러 귓속말 속삭인다
향긋한 봄 한 잔 들고 가시라고 권한다.

Temptation

The fresh scent of flowers teases the sunlight,
whispering softly to passing travelers—
"Take a cup of fragrant spring with you."

첫사랑

겨우내 얼어 있던 벚나무 제 살 풀면
봄햇살 한 자락에 그림자 빙빙 돌아
가지 끝 치렁치렁한 꽃망울들 웃는다

봄 흥에 벌나비들 날갯짓 흥겨웁고
들녘의 보리마저 봄물이 짙게 배면
화사한 벚꽃 잔치에 스며드는 그리움.

First Love

When the cherry tree thaws from winter's freeze,
shadows spin in spring's first beam of light—
the branches' buds sway and smile in bloom.

Bees and butterflies flutter in spring's delight,
and even barley fields soak in its warmth—
longing seeps into the splendid cherry feast.

봄 소식

꽃향기 너울너울 추억이 나풀나풀
그리움 날아가다 살포시 내려앉아
돌담길 봄이 왔다고 편지 주고 갑니다.

Spring News

Flower scents ripple, memories flutter,
longing flies, then softly settles—
leaving a letter on the stone path: "Spring has come."

항심 恒心

여보게 돌사람아 일백 년 산다 해도
하룻밤 잠자는 듯 꿈꾸는 인생인데
어이해 꽃피었다고 함박웃음 웃는가.

Constancy

Hey, stone man, even if you live a hundred years,
Life is like a dream, sleeping for a single night.
Why laugh so brightly just because the flowers bloom?

큰봄까치꽃

티 하나 없는 미소 해맑은 마음 되어
이른봄 외진 곳에 웃는 듯 피고 지고
보랏빛 매력 덩어리 행복 노래 부른다.

Veronica persica Poir

A spotless smile, a heart so bright—
blooming and fading like laughter in early spring's corner,
a bundle of purple charm sings of happiness.

광대나물꽃

이른봄 설렘 안은 핑크빛 꽃봉오리
이슬을 곱게 달고 아침을 열어가니
고운 옷 필요 없다는 당신 마음 알겠소.

Lamium amplexicaule

Pink buds, carrying early spring's thrill,
adorn themselves with dew and open the morning—
I understand your heart: beauty needs no fine clothes.

화엄매

사백 년 세월 동안 봄마다 미소 짓고
법당에 스며드는 당신의 불심처럼
오늘도 꽃바람 타고 나풀나풀 춤춘다.

Avatamsaka Plum

For four centuries, you've smiled each spring,
your Buddha heart seeping through the temple walls—
today again, you dance upon the flower breeze.

홍매화·1

눈부신 꽃잎 앞에 고개가 숙여진다
한 발짝 못 디뎌도 봄마다 활짝 피어
꽃내음 선물하고는 자랑조차 않는다.

Red Plum Blossoms·1

Before the dazzling petals, my head bows low.
Even without a step, they bloom each spring,
offering fragrance, never boasting once.

홍매화·2

수만 권 불경으로 깨달음 못 얻더니
홍매화 붉은 향기 각황전 빙빙 돌 때
자비가 사바세계로 철철 넘쳐 흐른다.

Red Plum Blossom·2

Thousands of sutras brought me no enlightenment—
but when the red scent of plum blossoms swirls in Gakhwangjeon,
compassion overflows into the world.

우중매 雨中梅

글썽인 문장들이 매달린 허공의 방
가슴에 스며드는 외로움 궁글리며
홍매화 설움 밀치고 봄의 표정 들인다.

Plum in the Rain

Tear-stained verses hang in a room of air,
loneliness rolls deep within my chest—
pushing aside red plum's sorrow, spring shows its face.

제2부

꽃무릇 연정
Red spider lilies Love

맥문동꽃 피면

구월이 오는 소리 길섶에 스쳐갈 때
가을볕 살금살금 보랏꽃 피워내고
해맑게 고운 미소에 님의 향기 젖는다.

When the Lilyturf Blooms

When the sound of September brushes past the roadside,
The autumn sunlight quietly coaxes violet blooms to life,
My pure, gentle smile is drenched in the fragrance of my beloved.

메꽃

수줌음 돌돌 말아 접히고 포개져서
앙다문 입안에서 말없이 삭히더니
꽃웃음 한아름 안고 눈부시게 피었다

가슴을 꼭 여민 채 수줍게 감춘 마음
실바람 다독이자 살며시 미소 짓고
참아낸 꽃빛 그리움 향기 먼저 전한다.

Convolvulus

Shyness coils and folds upon itself, layer by layer,
Wordless within a tightly closed mouth, it ripens in silence.
Then, embracing a bundle of flowered smiles, it blooms in dazzling light.
With its heart clasped tight, hiding its shyness within,
When the tender breeze caresses it, a soft smile unfolds.
The fragrance of its endured longing drifts forth before the bloom.

해바라기

진노랑 고운 얼굴 햇살이 내려앉고
가슴속 숨긴 열정 소롯이 미소 짓다
말없이 고개를 들어 빙빙 돌며 서 있다

여름이 익어 가면 고요히 빛 삼키고
황금빛 태양 닮아 속살이 송골송골
활짝 핀 탐스런 규화葵花 토실토실 여문다

긴 허리 휘어잡고 바람에 온몸 맡겨
발가락 젖은 채로 흙속에 마음 묻고
여름꽃 한 송이에도 하늘의 뜻 깊구나.

Sunflower

Sunlight settles upon her golden face.
The passion hidden deep within smiles softly,
and wordlessly she lifts her head, turning toward the
 light.

As summer ripens, she quietly swallows the sun.
Like the golden orb itself, her tender seeds glisten,
plump and radiant—the blooming sunflower ripens
 full.

Grasping her long stem, she yields to the wind.
With toes damp, she roots her heart in the soil.
Even in one summer flower, the will of heaven runs
 deep.

버들마편초

오늘도 바람 타고 연분홍 몇 송이 별
공중 속에 깊은 사랑 세상에 말을 건다
꽃 속엔 피었다 지는 인연의 향 있다고.

Willow Verbena

Again today, a few pale-pink stars ride the breeze.
In the open sky, a deep love whispers to the world—
within each flower lies the scent of a bond that
 blooms and fades.

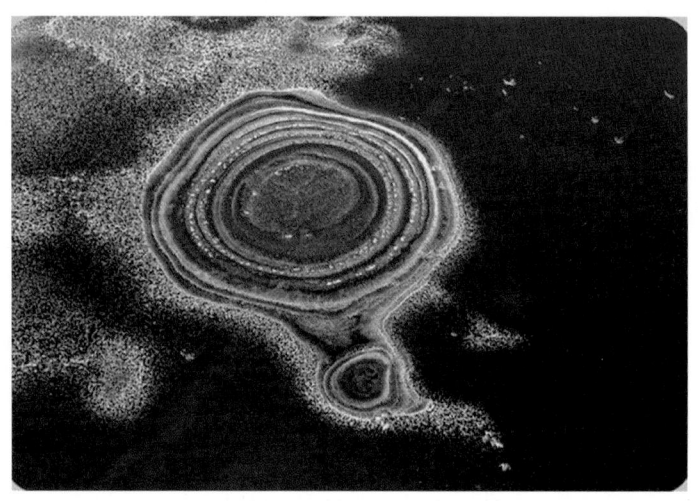

소금꽃

붙잡힌 욕망 파도 염전에 가둬놓고
염부의 손길 따라 하얗게 피었구나
온 세상 썩어질까 봐 반짝반짝 빛난다.

Salt Flower

Waves of desire, trapped within the salt pans,
bloom white beneath the salt worker's touch.
Afraid the world might decay, they glimmer bright.

나팔꽃

얼마나 서러워서 입술도 닫았는가
가을비 흠뻑 젖어 울음도 노래 되나
피안의 텅 빈 자리에 피고 지는 저 순정.

Morning Glory

How deep the sorrow that sealed my lips?
Drenched in autumn rain—do my tears turn into song?
That pure heart blooms and fades in the emptiness beyond.

느개

가을밤 귀뚜라미 잠들어 적막한 밤
어두움 살라먹고 가로등 미소 지어
내 임의 입김이런가 살갑고도 그리워

허공에 흩어지는 저 물빛 너울너울
거꾸로 쳐다봐도 정겨움 넘쳐나서
살포시 옷 적셔가니 그리움도 젖는다.

Drizzle

On an autumn night when crickets sleep and silence
 deepens,
the streetlight smiles, burning away the dark—
is this my lover's breath, so tender, so full of longing?

Those watery ripples drifting through the air,
even upside down they overflow with affection.
They softly wet my clothes—my longing soaks
 through too.

초화화

보라색 치맛자락 임 마중 나왔나 봐
달빛에 흠뻑 젖어 꽃잎도 어여뻐라
저토록 아름다운데 여태 오지 않다니.

Talinum calycinum

The purple hem of your skirt seems to have come to greet me.
Soaked in moonlight, even the petals look lovely.
How can you not have come, when all is so beautiful?

자미화·1

쭉 뻗은 팔방미인 옆구리 바람 돌자
간지럼 참지 못해 웃음꽃 터뜨리고
연분홍 그대의 향기 가슴 깊이 안긴다.

Crape Myrtle·1

When the breeze whirls around her slender, graceful
    form,
she cannot bear the tickle and bursts into laughter—
your soft pink fragrance nestles deep within my heart.

자미화·2

매끈한 곡선미로 몸맵시 가꾸고서
명옥헌 옷고름 푼 귀 있는 저 아가씨
연분홍 짙은 향내음 무더위를 날린다.

Crape Myrtle·2

Shaped by smooth, elegant curves, she adorns her form—
that graceful lady at Myeongokheon loosens her ribboned robe.
Her deep pink fragrance sweeps away the summer heat.

여름 바다

밀물결 달려오면 썰물결 소꿉장난
뒹구는 파도 소리 모래톱 누워 있고
쓸쓸한 조개껍질은 그리움을 담는다.

Summer Sea

When the tide rushes in, the ebb plays at childhood
 games.
The sound of tumbling waves rests on the sandbank,
and lonely shells hold their quiet longing.

무지개 · 1

소나기 쏟아지고 비바람 세게 불자
재빨리 무대 펼쳐 칠보옷 갈아입고
선녀들 훨훨훨 날아 마술 공연 펼친다.

Rainbow · 1

When showers pour and storm winds rise,
they swiftly open the stage, don seven-colored robes,
and fairies soar through the sky, performing their magic show.

무지개·2

맺혔던 응어리들 소낙비 씻어 주니
투명한 알몸 되어 하늘로 승천한다
칠 선녀 아름답구나 빛깔 향기 저 자태.

Rainbow·2

The clots of sorrow are washed away by sudden rain,
turning to a clear bare body, rising into the sky—
how beautiful the seven fairies, their colors, their fragrance, their grace.

옥수수

촘촘한 뙤약볕이 초록빛 물어 오고
옹골찬 생의 의지 여름을 집어 들면
야무진 저 옥니들은 까르르르 웃는다

맹렬한 태양 앞에 수염이 먼저 나면
부끄럼 많아져서 안으로 숨어들고
괜스레 헛기침 소리 꽃구름만 부른다.

Corn

The dense blazing sun tints the fields green;
when life's strong will grasps summer,
those sturdy rows of kernels laugh in delight.

Before the fierce sun, whiskers sprout first—
shy, they hide within,
and call to the clouds of bloom with a bashful cough.

물꽃

갈바람 한두 자락 물 위에 부딪히니
연잎들 깜짝 놀라 오금이 저려온다
저 고운 은빛 무늬결 꽃보다도 곱구나.

Water Flower

When a couple of west winds brush the water's skin,
lotus leaves startle, trembling at their edges—
those silver patterns on the waves outshine any
 flower.

붉은 별

어젯밤 숨바꼭질 숨었던 불가사리
바닷가 바위 틈에 고운 빛 감추더니
술래가 찾지 못하자 우리 딸이 찾았다.

Red Star

Last night's starfish, hiding from its game of tag,
concealed its lovely glow in seaside rocks—
when the seeker couldn't find it, my daughter did.

해당화

가녀린 홍자색 옷 수줍어 말 못하고
향긋한 꽃잎마다 길섶에 몸을 풀면
그리워 가슴앓이에 마음속이 시리다.

Rosa rugosa

Shy and speechless in her delicate crimson dress,
each fragrant petal loosens herself along the
  roadside—
longing aches within, my heart grows cold.

유월에는

하늘빛 쪼개 나눠 숲속에 별이 뜬다
초록별 반짝반짝 콧노래 흥얼흥얼
내 사랑 계절 끝에서 낭만 찾고 있구나.

In June

The sky splits its hue, stars rise in the forest—
green ones shimmer, softly humming tunes.
At the season's end, my love searches for romance.

아침 이슬

싱싱한 초록 풀잎 밤새워 뒤척이다
메마른 입 축이며 은방울 뱉어내니
새벽녘 찬 바람 훑고 스쳐지난 그 자리.

Morning Dew

Fresh green blades twist sleepless through the night,
wetting dry lips, spitting silver beads—
the dawn breeze brushes past where they once lay.

백수련

물비늘 접은 밑단 마음꽃 피어나니
오롯이 누구 마음 이렇게 깨끗할까
저 모습 보고 있으니 아름다움 알겠다.

White Lotus

At the hem where water scales fold, a heart-flower
    blooms—
whose soul could be this pure?
Watching it, I understand what beauty is.

거미

미세한 바람 하나 삼킨 듯 고요하다
투명히 엮은 이슬 그물에 걸려 있어
가슴속 먹먹하도록 잠 못 이룬 그림자

꿰어논 자신의 실 세상을 혼자 살며
묶임이 자유라고 작은 샘 숨 고른다
가진 건 한 방울 이슬 두려움이 없구나.

Spider

So still, as if it swallowed a breath of wind—
caught within a web of dew,
a sleepless shadow weighs upon my heart.

Living alone in the threads I wove,
I breathe quietly, calling bondage freedom—
with only a drop of dew, I know no fear.

제3부

꽃무릇 연정
Red spider lilies Love

기차 여행

초록빛 바람 따라 발끝이 간질간질
흰 날개 접었는데 마음은 설렘 가득
가을은 여행의 계절 기차 타고 떠나리.

A Train Journey

My toes tingle, following the breeze of green light.
I fold my white wings, yet my heart brims with excitement.
Autumn is the season for journeys—so I shall leave by train.

억새

계절을 걸쳐입고 하얗게 머리 푼다
된바람 몰려와서 힘겹게 빗어 봐도
윤기가 하나 없구나 저녁놀에 젖어서

비우고 비우면서 엄마 품 떠나면서
슬픔에 잠겼는가 갈바람 스친 소리
거덜난 몸뚱이마저 가만두지 않구나.

Silver Grass

Clothed in the seasons, it loosens its pale hair.
A fierce wind rushes by; even when combed with effort,
no luster remains—only the glow of sunset upon it.
Emptying, emptying, leaving a mother's embrace—
has sorrow overtaken it? The autumn wind whispers by.
Even its tattered body cannot rest in peace.

나도 모르겠다

한평생 구차하게 엎드려 지내봤고
똑바로 일어서서 살아도 보았으나
무엇이 맞는 것인지 말해줄 수 없구나.

I Don't Know Either

I've spent my entire life lying face down,
and I've tried standing upright,
but I still can't tell you what's truly right.

오늘도

가을빛 철철 내려 시월의 초닷샛날
은행잎 받아 쥐고 보고픔 여미더니
장독대 수북이 쌓여 그리움을 말린다.

Today, Too

On an early October day, autumn light pours down in waves.
Holding a ginkgo leaf, I gather my longing—
on the jar stand, longing piles high and dries in the sun.

자화상

오늘도 하얀 물결 바람이 빗질하여
비울 것 다 비우니 별처럼 반짝반짝
여윈 몸 은빛 머릿결 눈부시게 날린다

가을은 너울너울 춤추며 날아가고
바람에 서걱서걱 으익새 활짝 피어
한없이 곰삭은 세월 털어내며 웃는다.

Self-Portrait

Today again, the white waves of the wind brush,
Emptying everything that needs to be emptied, I
    twinkle like a star.
My thin body, my silver hair, flutters dazzlingly.

Autumn sways in dance and takes flight,
And rustling in the wind, the weeping owls bloom
    brightly,
Shaking off the endlessly worn-out years, I laugh.

소국*

실연의 아픔일랑 홀연히 털어내고
찬서리 맞았어도 여리고 예쁜 모습
늦가을 질긴 인연에 변함없이 피구나.

*'소국' 꽃말: 실연

Small Chrysanthemum

Shaking off the pain of lost love,
though touched by frost, still tender and fair—
you bloom unchanged in late autumn's steadfast bond.

*Flower meaning: Heartbreak

담쟁이넝쿨

한 자락 남아 있는 그리움 보고파서
하늘빛 바라보며 벽 잡고 발 버티며
힘들어 올라왔더니 흰구름만 떠 있다

비릿한 풀내음이 말갛게 말라 가면
턱 잡고 줄타기 한 담쟁이 고운 빛깔
오늘은 할 일 없다고 가을 정취 즐긴다.

Ivy Vine

Longing for the last strand of yearning,
I gaze at the sky, grasp the wall, brace my feet—
and find only drifting white clouds above.

When the sharp scent of grass fades dry,
the ivy clinging to the wall glows softly—
today, with nothing to do, I savor autumn's grace.

저녁놀·1

닻 내린 완도항에 갈매기 끼룩끼룩
날개를 휘날리며 임 찾아 날아가고
가을은 긴 허물 벗고 부둣가를 맴돈다.

Evening Glow·1

At anchor in Wando Port, seagulls cry and soar,
fluttering their wings to find their love—
autumn, shedding its husk, circles the pier.

저녁놀·2

난장판 장터에도 햇살이 짐을 싸면
아쉬움 가득해도 행복한 파장이다
때맞춰 저 붉은 노을 불사조로 날은다

산등선 넘어가는 찬란한 저 그림자
살갗에 스며들어 가슴속 시어 되어
눈앞에 찰랑거리며 융융하게 흐른다.

Evening Glow·2

When sunlight packs away from the noisy market,
though filled with longing, joy remains in its wake.
Right on cue, the crimson sunset takes flight like a
 phoenix.

The radiant shadow crossing the ridge
seeps into my skin, turning to poetry within—
before my eyes it shimmers, flowing tenderly on.

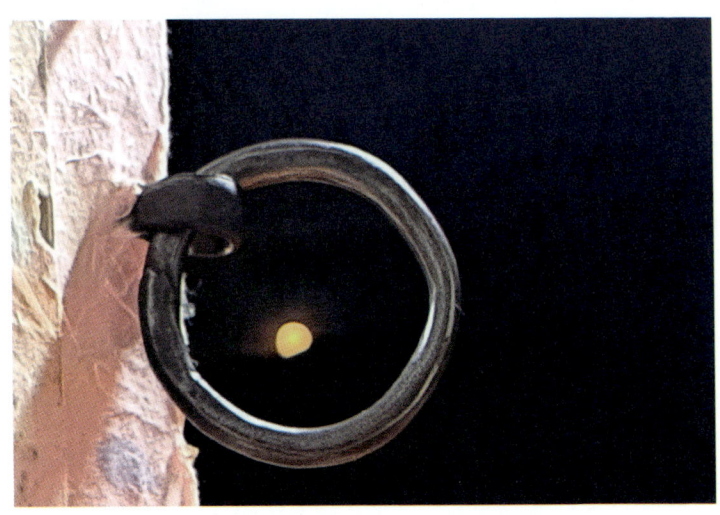

헌시獻詩·1

하현달 얕아지고 늦가을 짙어지고
너 또한 날이 새면 내 곁을 떠나가니
귀또리 울음소리에 시 한 줄을 업힌다.

Dedicatory Poem·1

The waning moon grows thin, late autumn deepens.
At dawn, you too leave my side—
a cuckoo's cry carries a single line of verse.

헌시 獻詩·2

가을비 내리는 날 불타는 마음 하나
빗물에 씻겨내려 선홍빛 흘러넘쳐
심장이 툭 터지도록 울컥이는 이 가슴

계절이 남기고 간 수많은 사연 담아
빗방울 소리 맞춰 정아한 노랫소리
시인은 비를 맞으며 시조 한 수 읊는다.

Dedicatory Poem·2

On a rainy autumn day, a burning heart
is washed by the rain, crimson overflowing—
this chest throbs, near to bursting.

Gathering countless tales the seasons left behind,
to the rhythm of falling drops, a pure song rises—
the poet stands in the rain and recites a sijo.

가을 운동회

비 올까 걱정하다 한숨도 못 잤는데
청명한 하늘 아래 만국기 펄럭이고
청백군 나누어져서 줄다리기 이엉차.

Autumn Sports Day

Worried it might rain, I couldn't sleep a wink.
Under the clear blue sky, the flags of all nations flutter—
the blue and white teams pull their ropes and shout in unison.

비경

한낮을 밀어내고 석양이 뉘엿뉘엿
해걸음 명사십리 가을밤 깊어 가면
파도는 붉디붉더니 홍에 겨워 춤춘다

비릿한 저 해조음 밀물에 부대끼다
썰물로 씻어내니 선지빛 물들어서
나그네 발길 멈추고 별천지에 머문다.

Hidden Scenery

The sunset pushes away the noon light,
and as night deepens along the sandy shore,
the waves—red as flame—dance in delight.
The briny song of the sea beats with the tide;
washed by the ebb, it stains the shore with crimson.
The traveler stops, lingering in this otherworldly realm.

월송대 月松臺*

가을볕 등에 업고 새겨진 칼의 노래
흙의 옷 입고서도 불 뿜는 숭고한 도刀
오로지 이 나라 민초 사랑하는 그 마음

솔바람 고개 숙여 홍살문 들어가자
아직도 침묵 품은 거룩한 칼의 자세
찬이슬 맞아가면서 일어서는 저 칼집

충무사 들려주는 칼과 불 말씀들이
가슴에 마음제단 쌓으며 안겨 오면
두넝한 쪽빛 공중은 귀기울여 듣는다.

*월송대: 노량해전에서 전사한 충무공의 유해가 열흘 동안 완도군 고금도에 안치되어 있던 곳.

*Wolsongdae**

Carved in the back of autumn's sun, the sword's song endures—
a sacred blade clad in earth, yet breathing fire,
a heart devoted only to the humble people of this land.
Bowing to the pine wind, I pass through the red gate.
The sword, still holding silence, stands solemn in its sheath,
rising again beneath the chill of dew.
When the words of sword and flame, spoken by Admiral Yi,
build an altar within my heart,
the clear blue sky itself listens in reverence.

Wolsongdae; The remains of Admiral Yi Sun-sin, who died in the Battle of Noryang, were laid to rest on Gogeum Island in Wando County for ten days.

코스모스·1

그리움 밀어내고 싱그런 임의 향기
가슴에 담았을까 말갛게 미소 짓고
오늘도 온 정성 다해 고운 마음 날린다.

Cosmos·1

Pushing aside my longing, I cradle your fresh scent in
   my heart.
With a gentle smile,
again today I send my tender heart out with all my
   devotion.

코스모스·2

쉼 없이 흔들려야 산다는 저 가을색
여린 맘 못 숨겨서 들키고 만다는데
바람은 어찌하자고 춤추자며 꼬시나

그리움 가득 채워 서둘러 핀 꽃향기
추억에 울컥 젖는 그 옛날 고향 내음
깊숙이 닫힌 마음창 활짝 열어 반긴다.

Cosmos·2

Those autumn hues whisper that to live is to sway.
They say a tender heart cannot hide—
why then does the wind coax me to dance?

The hurried blossoms brim with longing,
their fragrance steeped in memories of my hometown.
It swings open my long-closed heart and welcomes them in.

2025. 나주 영산강 축제장

강둑길 곱디곱게 꽃길을 걸어간다
따스한 햇살 속에 빙그레 미소 짓고
아련히 목 길게 빼고 한가롭게 반긴다

하늘은 쪽빛 물감 물들어 부끄럽고
실바람 안아 주며 춤추는 가을 연정
영산강 코스모스길 너뿐인가 보구나.

2025. Naju Yeongsan River Festival

Along the gentle riverbank I walk a flowery path,
smiling softly beneath the warm sun.
Stretching my neck, I greet you in quiet leisure.

The sky blushes in shades of azure dye,
and autumn love dances, held by a tender breeze—
it seems you alone belong on this cosmos-lined way.

모정·1

먹 갈아 화선지에 수묵화 그렸더니
오동통 송편달이 하얗게 미소 짓네
따스한 어머니 사랑 그리움만 솟는다.

Mother's Love·1

Grinding ink, I paint a wash on rice paper—
the plump moon smiles white as songpyeon rice cake.
Only warm yearning for my mother's love wells up.

모정·2

가을볕 노오랗게 은행잎 물들이고
실바람 살랑살랑 춤추고 웃어 주면
금성관 은행나무도 어깨춤을 덩더쿵

황금빛 걸망 메고 계절이 길 떠나며
잘 가라 손 흔들어 마음속 추스르니
은행잎 멀리 못 가고 엄마 곁에 맴돈다.

Mother's Love·2

The autumn sun dyes ginkgo leaves gold,
the soft breeze dances and smiles,
and even the Geumseonggwan gingko sways its shoulders in rhythm.

With a golden satchel, the season sets out on its way.
Waving goodbye, I steady my heart—
the ginkgo leaves linger, circling near my mother's side.

꽃무릇 연정

불타는 그대 마음 가슴속 흘러넘쳐
꽃대궁 혈류 따라 선홍빛 토해낸다
어쩌다 스쳐간 사랑 가슴앓이 하는가.

Red spider lilies Love

Your burning heart overflows within my chest.
Along the veins of the stem, crimson surges and spills.
Why does such fleeting love ache so deeply?

가을 정경

청정한 창공 아래 매달린 쪽빛 시간
볕살들 데굴데굴 구르다 머무르면
은행잎 그리움 안고 눈부시게 빛난다.

Autumn Scene

Beneath the pure sky, indigo time hangs still.
Sunbeams tumble and pause—
ginkgo leaves, full of longing, gleam in dazzling light.

억새꽃

갈바람 일렁일렁 영산강 은빛 물결
강물에 휘날리며 사그락 뒤척일 때
빛나는 백발의 시어 가을 문턱 넘는다.

Silver Grass

The west wind stirs the Yeongsan River's silver waves.
As they sway and rustle in the flow,
a white-haired poet, shining, crosses autumn's threshold.

불꽃

빛 고운 불갑사에 기어이 일 터졌다
속눈썹 붉디붉게 어여삐 물들이고
활활활 솟구쳐 오른 그리움이 불탄다.

Flame

At radiant Bulgapsa, something has flared—
lashes tinged in bright crimson beauty,
longing bursts into flame and burns upward.

소묘

흰구름 알랑알랑 미소로 유혹하면
훌러덩 키만 키운 영산강 코스모스
심장이 툭 터지도록 가을 향기 내뿜다.

Sketch

White clouds flirt with tender smiles;
the Yeongsan River cosmos grow tall and free,
breathing autumn's scent till the heart bursts open.

가을

이파리 손편지로 그리움 적어 본다
너무나 부끄러워 얼굴이 울긋불긋
야속한 저 가을바람 붉은 마음 훔친다

빈 의자 추풍낙엽 겹겹이 쌓여 가면
가을빛 그림자에 허릿매 시려 오고
한없이 아름다워라 고운 시간 마른다

만추에 황홀하고 단아함 눈부셔도
중년에 느껴지는 감정은 아릿하다
오늘밤 무슨 재주로 돌릴 수가 있을까.

Autumn

I write my longing on a leaf-shaped letter—
so shy, my face blushes red;
the cruel autumn wind steals my heart away.

As fallen leaves pile on the empty chair,
autumn's light chills my waist,
and the lovely hour dries in endless beauty.

Though late autumn dazzles with calm grace,
the feeling of midlife stings faintly—
what magic tonight could turn it back?

짝사랑

여명이 밝아오는 시월의 마지막 날
그믐달 반짝반짝 빛나는 마음 찾아
밤새워 돌아다녀도 고백 한 번 못한다.

Unrequited Love

On the last day of October, as dawn breaks,
I search for a heart gleaming beneath the waning moon.
All night I wander—yet not once can I confess.

오늘

똑똑 문 두드리는 소리가 들려온다
문 열고 밖을 보니 찬 서리 가득하다
오호라 이십사절기 상강霜降 니가 왔구나.

Today

Tick, knock, knock. I hear a knock on the door.
I open it and look outside. It's filled with cold frost.
Ah, the season of frostfall—Sanggang, you have come.

제4부

절집에서
At the Temple

동백꽃

고독에 젖은 계절 엄동을 깔고 앉아
가슴속 냉골 같고 시린 뼈 숨어 울고
단심은 꺾이지 않고 저리 누워 있구나

해맑고 따순 햇살 오지게 낯 붉히고
새침한 금빛 입술 낙화한 처지에도
어쩌면 저리 고울꼬 안타까운 이 심정.

Camellia

Soaked in solitude, I sit upon the frozen season.
Cold seeps through my heart's hollow bones,
 weeping unseen—
yet my steadfast heart lies unbroken.

Bright, gentle sunlight paints my cheeks red.
Even with golden lips fallen in silence,
how can such beauty remain?—my heart aches in
 admiration.

향수

봄빛이 늘어지게 기지개 켜는 순간
유모차 바큇살에 고샅길 당겨 감고
울 엄니 추억 발걸음 꽃이 되어 필 거야.

Nostalgia

As spring light stretches in a languid yawn,
my stroller's spokes wind through the narrow lane—
my mother's memories and my steps will bloom as
   flowers.

춘소 春宵

보름달 두께만큼 방그레 뭉쳤다가
눈바람 스쳐가니 홍매화 되었구나
친구들 어서 오시게 차나 한 잔 마시게

붉은색 깊이만큼 발그레 얼었다가
입춘도 오기 전에 홍매로 피었으니
친구야 빨리 오시게 봄이 먼저 가겠네.

Spring Night

As round and full as the moon, blossoms gather in
 laughter.
A sweep of snowy wind—ah, they've turned to red
 plum bloom.
Friends, come quickly; let us share a cup of tea.

Blushing deep as crimson frost,
they bloom before the season's turn.
Hurry, my friends—spring will pass too soon.

매화

달빛에 맘결 빗고 서릿길 밟으면서
새봄이 오기 전에 오신단 내 님이여
말없이 건넨 독백에 그대 사랑 두둥실.

Plum Blossom

Combing my heart in moonlight, I walk the frosted
    path.
Before spring arrives, my love will come—
in silent words, your affection floats within me.

연자방

눈 덮인 알몸으로 수궁 속 몸을 담고
시끄런 사바세계 귓가에 맴돌아도
눈감고 가부좌 틀고 묵언수행 하구나

고해의 뻘밭 위에 용케도 살아남아
풍설風雪의 모진 추위 겨우내 사이면서
무소유 뒤집어쓴 채 성불하고 있구나.

Lotus pip

Bare and snow-clad, I rest within the water palace.
Though the noisy world circles my ears,
I close my eyes, sit in silence, and meditate.

Enduring the mire of suffering, I survive,
weathering wind and snow through winter's pain—
wearing emptiness, I awaken to enlightenment.

절집에서

함박눈 펑펑 내려 신바람 쌓여 간다
마음속 엉켜 있던 인연의 지푸라기
절집에 저만치 두고 고요 깔고 서 있다

뻥 뚫린 하늘 아래 두려움 걷어내고
마당에 서성여도 외로움 한 톨 없네
생과 사 꿈만 같아라 극락세계 여긴가.

At the Temple

Heavy snow falls, and joy piles softly within.
The tangled threads of fate in my heart
I leave behind in the temple's stillness.

Under the vast sky, I cast off fear.
Wandering the yard, I feel no loneliness.
Life and death—like a dream; is this paradise?

깨달음

언덕길 오르다가 가슴이 먹먹하다
동짓달 등에 업고 목 꺾인 순간까지
짝사랑 후회 없어라 해바라기 참사랑

북풍이 허리 감아 휘젓고 돌아가면
엊그제 피었더니 저토록 말랐구나
비워야 찰지다는 걸 너를 보고 느낀다.

Realization

Climbing the hill, my chest grows tight.
Until the neck bends beneath winter's weight—
no regret for one-sided love; sunflower, true love.

The north wind wraps and swirls my waist,
you bloomed just yesterday, yet already withered.
Watching you, I learn—only the emptied heart is full.

소설 小雪

어젯밤 손돌바람 문풍지 흔들더니
새하얀 날개 펼쳐 마당에 누웠구나
가을은 눈 깜짝할 새 무정하게 갔구나.

First Snow

Last night the cold wind rattled the papered door—
now white wings spread, lying over the yard.
Autumn has fled in the blink of an eye, so heartlessly.

고백

미풍에 흔들려도 중심은 잡습니다
비바람 몰아쳐도 꺾이지 않습니다
속가슴 비어 있어도 정신만은 푸르러.

Confession

Though swayed by a breeze, I keep my balance.
Though storm and rain assault, I do not break.
Though my heart feels hollow, my spirit stays green.

그리움

어디서 날 부르는 소리가 걸어온다
수줍어 말 못하고 마음만 붉히는데
하늘은 눈치도 없이 하얀 눈만 보낸다.

Longing

A voice walks toward me, calling my name.
Too shy to speak, my heart just blushes—
the sky, oblivious, only sends white snow.

자비

매서운 엄동설한 홀라당 옷 벗고서
모질게 견디고도 봄이면 꽃이 핀다
자비는 이런 거라고 말 전하는 홍매화

휘어진 가지마다 웃음꽃 활짝 피어
한아름 안고 오는 당신의 향기 가득
부처님 은은한 말씀 사바세계 적신다.

Compassion

In the biting winter, stripped bare in the cold,
even after such endurance, spring brings bloom—
red plum blossoms whisper, "This is compassion."

On every bent branch, laughter blooms bright,
your fragrance fills the air in gentle arms—
the Buddha's tender words soak the mortal world.

우중동백 雨中冬柏

가슴속 노란 속살 가랑비 비벼대면
그리움 깊을수록 더 붉게 덧칠하고
아직도 설레는 마음 첫사랑의 저 미소.

Camellia in the Rain

When drizzle brushes the yellow flesh of my heart,
the deeper the longing, the redder it glows—
still fluttering, that smile of first love remains.

고드름

못다 한 우리 사랑 하늘문 열리던 날
설화로 꽃을 보내 지상에 피우더니
영롱한 수정 고드름 줄을 지어 매단다.

Icicle

Our love unfinished, the day heaven's gates opened,
you sent flowers of snow,
now hanging crystal icicles in shining strings.

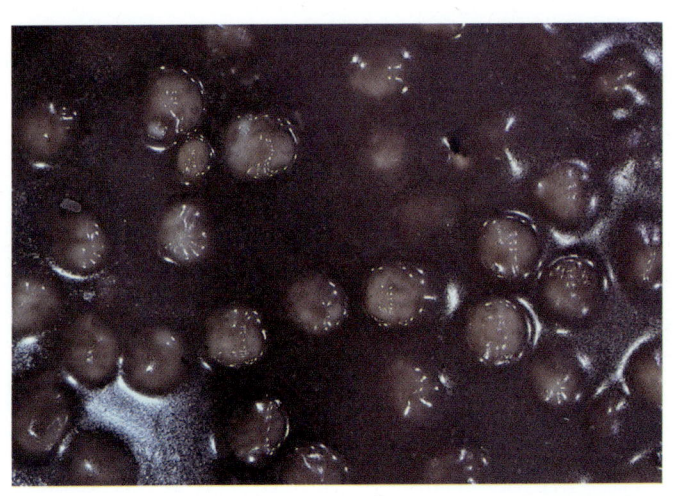

동지죽

어머니 시집살이 둥글게 익어 갈 때
붉은 팥 팔팔 끓여 으깨서 흐물흐물
동짓날 수심 한 그릇 따근따근 넘긴다.

Dongji Porridge

When my mother's married life ripened round,
she boiled red beans till soft and tender—
on Winter Solstice Day, she sips her warm bowl of
   sorrow.

성에꽃

동짓달 긴긴밤에 한기가 스며들면
시려서 아픈 마음 하얗게 물들더니
꽃보다 더 아름답게 백설화로 떠 있다.

Frost Flower

When the chill seeps into the long winter night,
my aching heart turns white—
floating as a snow blossom, lovelier than flowers.

제5부

달 품은 꽃
Flowers Embracing the Moon

무심행

밀썰물 스친 자리 맨발로 걸어간다
몇 걸음 걷다 보면 세월이 지워지고
찰나에 머문 가슴속 번뇌조차 없구나

동녘을 감싼 해무 허공이 품어 주고
무심히 걷는 걸음 흔적이 사라지면
새벽길 발걸음 따라 마음 고요 밝힌다.

Walk in Serenity

I walk barefoot along the trace of the ebbing tide.
After a few steps, time itself fades away—
even the fleeting anguish within my heart dissolves.

The sea fog embracing the eastern sky holds me close.
When the prints of my detached steps vanish,
my heart brightens the dawn path with quiet calm.

행복

해조음 노랫소리 하얀 살 내어밀고
운무가 가슴 깊이 살포시 안아 주면
나 홀로 서서히 아침 음미하며 웃는다.

Happiness

The song of seabirds mingles with the whiteness of
   my skin.
When the mist gently wraps me deep within,
I stand alone, slowly tasting the morning with a smile.

여명

사랑도 그리움도 외로움 망각한 채
립스틱 짙게 바른 입술이 침묵해도
수평선 황금빛으로 물들이며 문 연다.

Dawn

Forgetting love, longing, and loneliness,
though lips painted deep with lipstick stay silent,
the horizon opens, bathed in golden light.

왜가리

나주천 물소리에 날아든 흰빛 행렬
물살 속 한 권의 책 고요히 읽어간다
그림자 눕혀 나가며 한 꼭지씩 훑는다

물고기 숨바꼭질 언제나 끝날 거나
오후가 물에 젖고 해 질 녘 눅눅해도
캄캄한 술래잡기로 책 읽기는 힘들다

쭉 내민 주둥이에 글자가 들어오자
긴장감 시큰대며 갈바람 소리치고
물꽃이 추임새 넣자 파문 이는 윤슬들.

Ardea cinerea

A white procession glides in with the sound of Naju Stream.
A book lies open within the current, read in silence,
its shadow bending, turning each page in flow.

When will the fish's game of hide-and-seek end?
Even as afternoon dampens, and dusk grows moist,
reading in this dark pursuit is no easy task.

As letters reach my outstretched beak,
the west wind shouts with tension,
and when the water flowers add their chorus, ripples shimmer like light.

달 품은 꽃

목마른 그리움결 가슴속 저려오면
한밤중 밝은 달빛 또르르 내려와서
수줍게 꽃향기 안고 설레는 맘 달랜다.

Flowers Embracing the Moon

When parched longing tingles within my heart,
the bright midnight moonlight rolls softly down,
shyly embracing the flower's scent, soothing my
　　fluttering heart.

해거름

금빛살 출렁출렁 시공을 넘나들고
결 고운 파도 소리 모래톱 핥고 가니
추억이 찰나 속으로 자박자박 걷는다

찬란한 하루 끝에 고요가 다가오고
발자국 사라져도 여운은 남아 있어
노을꽃 붉게 물들어 시름 송이 감싼다.

Sunset

Golden ripples cross the bounds of time and space.
Gentle waves lap the sandbar's edge—
memories walk softly through each fleeting moment.

At day's radiant end, silence draws near.
Though footprints fade, the afterglow remains;
sunset blossoms blush red, wrapping sorrow in light.

전복

해풍이 달려오고 파도가 씻겨 주니
비린내 사라지고 불끈 힘 솟는구나
완도의 청정바다에 너 없으면 어쩌랴.

Abalone

The sea breeze rushes in, the waves wash clean,
the brine fades, strength surges anew—
what would Wando's pure sea be without you?

바다

파도는 파도끼리 손잡고 춤을 춘다
낭만도 반짝 반짝 신나게 놀고 있다
한낮의 완도 바다는 윤슬들의 축제장.

Sea

The waves join hands and dance together,
romance sparkles, playing gleefully—
the Wando sea at noon, a festival of rippling light.

유희

어젯밤 누가 와서 흥겹게 놀았을까
대웅전 지붕 위에 립스틱 짙게 묻어
부처님 심란한 마음 어찌하면 좋을꼬.

Play

Who came last night to play with such delight?
Thick lipstick stains the roof of the Great Hall—
how shall I soothe the Buddha's troubled heart?

금안골 한옥집 잔칫날

금성산 정기 타고 한옥집 지어놓고
안 여사 손맛 따라 상다리 휘어진다
폭우도 잠시 멈추고 축복으로 반긴다

술잔이 돌고 돌아 웃음꽃 피어나고
황옻에 삶은 통닭 빛깔이 반짝반짝
오늘은 우정의 향기 술맛까지 깊구나

한평생 걸어오며 이런 날 또 있을까
정담에 젖은 시간 꿈마저 쉬어 가라
향긋한 인연 속에서 인생의 멋 영근다.

Feast Day at Geumangol Hanok House

Drawing the spirit from Geumseongsan Mountain, I built a hanok home,
The table groans under Mrs. Ahn's delicious dishes.
Even the pouring rain pauses for a while, as if to bless the day.
Cups of liquor circle the table, and laughter blooms.
The golden chicken simmered in lacquer glows brightly.
Today, the scent of friendship deepens, enriching even the taste of the drink.
Will there ever be another day like this in my lifetime?
In this time steeped in warm talk, even my dreams take a rest.
In these fragrant ties of friendship, the beauty of life ripens.

평설

양회락 시인의 첫 시조집 출간을 축하하며

박덕은 (문학박사, 전 전남대학교 교수, 문학평론가)

  양회락 시인은 1955년에 전남 나주에서 태어났다.
  그는 고향에 머물러 지내면서, 지금까지 오로지 나주를 사랑하며 그 안에서 사회 활동을 열심히 하고 있다.
  특히, 성균관 유도회 나주지부 사무국장으로 유림 활동를 활발히 하고 있으며, 사서 삼경을 꾸준히 공부하고 있다.
  그는 현재 국기원 공인 9단, 태권도심판 1급, 태권도 심사 1급, 전남 태권도협회 부회장으로 활약하고 있다.
  그는 2024년에 월간지 《문학공간》 시조 부문 신인문학상 수상으로 문단에 데뷔했다.
  문학상으로는 제8회 현대시문학 디카시 문학상 대상, 제6회 토방구리 시조 문학상, 서울시 이행시 백일장, 늘품 백일장, 제1회 박덕은 디카시 문학상, 제6회 현대시문학 디카시 동상, 한국노동문화국제 디카시 문학상, 삼행시 문학상 은상, 산해정 문학상 외 다수 수상했다.

  자, 그러면 지금부터 양회락 시인의 시조 세계로 들어가 그 향긋함을 탐구해 보기로 하자.

  나주천 물소리에 날아든 흰빛 행렬
  물살 속 한 권의 책 고요히 읽어간다
  그림자 눕혀 나가며 한 꼭지씩 훑는다

  물고기 숨바꼭질 언제나 끝날 거나
  오후가 물에 젖고 해 질 녘 눅눅해도
  캄캄한 술래잡기로 책 읽기는 힘들다

  쭉 내민 주둥이에 글자가 들어오자
  긴장감 시큰대며 갈바람 소리치고
  물꽃이 추임새 넣자 파문 이는 윤슬들.

                                    -「왜가리」전문

이 시조에서의 시적 화자는 나주천변의 자연 경관을 그리면서 왜가리가 물가에서 물고기를 사냥하는 모습을 관찰하고 있다. 날개를 접은 왜가리가 천변에 있다. 평화로운 분위기가 느껴진다. 물끄러미 물속을 들여다보는 왜가리에서 어떤 평온이 느껴지지만 왜가리는 그때부터 긴장 속으로 들어가고 있는 것이다. 천변의 물살은 제 안간힘으로 흘러가며 몸살 앓는데 왜가리는 그 물살을 꿰뚫으며 사냥에 집중하고 있다. 왜가리의 침묵은 정적인 침묵이 아니다. 사냥을 위한 동적인 침묵인 것이다. 행위를 동반한 동적인 사냥을 시적 화자는 정적인 독서로 재해석하고 있다. 이처럼 문학은 새로운 해석으로 시적 대상을 들여다봐야 한다. 나만의 관점으로 사물을 바라봐야 새로운 해석이 나온다. 특히 시조는 정형 율격 속에 담아야 하기에 자칫하다가는 딱딱할 수 있다. 그 딱딱함을 벗어나려면 새로운 해석으로 자신의 관점을 담아야 한다. 그런 점에서 이 시조는 성공했다. "나주천 물소리에 날아든 흰빛 행렬/ 물살 속 한 권의 책 고요히 읽어"가는 왜가리의 모습이 책을 펴고 읽고 있는 학생처럼 느껴진다. 왜가리는 물살에 "그림자 눕혀 나가며 한 꼭지씩 훑"고 있다. 어떤 면에서 우리의 삶도 저 왜가리처럼 인생이라는 한 권의 책을 읽어 나가는 것이다. 먹고살기 위해 물고기를 사냥하는 왜가리처럼 우리도 먹고살기 위해 회사에서 일을 한다. 그렇게 일을 하며 세상이라는 한 권의 책을 한 페이지씩 넘긴다. 날마다 책의 한 꼭지씩 훑으며 세상을 알아간다. "오후가 물에 젖고 해 질 녘 눅눅해도/ 캄캄한 술래잡기로 책 읽기는 힘들"어도 왜가리는 그 사냥을 포기할 수 없다. 왜가리를 통해 현대인의 모습을 잘 그려내고 있다. 시적 화자는 왜가리의 고요한 사냥 행위를 마치 책을 읽은 행위나 숨바꼭질에 비유하며 은유적으로 표현하고 있다. 특히, 왜가리가 물고기를 낚아채는 긴장감 넘치는 순간과 그로 인해 물결에 생기는 파문을 생생하게 묘사하고 있다.

동구 밖 살구꽃들 찬란히 일했는데
시샘한 꽃샘바람 일자리 뺏어간다
거리로 내몰리면서 하얀 눈물 쏟는다.

- 「낙화落花」 전문

이 시조에서의 시적 화자는 아름답게 피었던 살구꽃이 봄을 시샘하는 바람(꽃샘바람)에 의해 져버리는 순간을 묘사하고 있다. 시조는 압축된 언어의 기호로 표현하는 문학 장르이다. 시적 화자의 의도를 잘 드러내기 위해 불필요한 표현들은 지우고 덜어내야 한다. 아깝다고 모든 생각과 논리의 틀을 담아내면 안 된다. 특히 시조는 더 그렇다. 생각의 절반을 덜어내는 작업을 하며 연계적 논리를 쌓아야 한다. 그래야 독자를 설득할 수 있다. 자신만의 직관적인 언어를 선별해서 시조의 골조를 세워야 한다. 그렇게 남다른 변별성辨別性을 획득해야 한다. 연시조가 아닌 단시조일 경우는 더욱 그렇다. 전략적으로 다가가고 전투적으로 사고하는 어떤 지점들을 모두 통과해야 좋은 시조인 것이다. 사색의 한계에 부딪힌 상처들이 많을수록 좋은 작품이 나온다. 이 시조는 실업과 아픔이라는 다소 무거운 주제를 자신만의 목소리로 잘 담아내고 있다. 대학을 졸업해도 일자리는 없고 취업을 해도 내 의도와는 무관하게 일자리를 뺏기는 현실을 우회적으로 잘 다루고 있다. 시인은 현실의 문제를 눈감아선 안 된다. 오히려 두 눈을 부릅뜨고 현실을 파헤치며 해부해야 한다. 현실의 문제를 같이 고민하며 나아갈 방향을 함께 찾아야 한다. 절실하고 애절한 문제일수록 아픔의 심층을 들여다보며 상실과 부재와 눈물을 읽어내어야 한다. 사회적인 불행과 문제를 생각의 바깥으로 밀어내지 말고 그 불행과 상처를 직면하며 들어가야 한다. 그렇게 얻은 사색으로 시적 형상성을 만들어야 한다. 그런 점에서 이 시조는 빛을 발한다. "시샘한 꽃샘바람 일자리 뺏어간다"에서 일자리를 뺏는 외부적인 요인들을 에둘러 표현하고 있다. 근로자는 더 일하고 싶지만 어쩔 수 없이 거리로 내몰리는 사람들의 눈물을 살구꽃으로 나타내고 있다. 시적 화자는 꽃이 지는 현상을 일자리를 빼앗기고 거리로 내몰리는 상황에 비유하여, 꽃잎이 떨어지는 모습을 하얀 눈물을 흘리는 듯 서정적으로 표현하고 있다. 이는 덧없는 아름다움과 상실감을 한국 전통시가 형식인 시조에 담아낸 우수작이라 여겨진다.

물오른 사춘기가 연둣빛 덧칠하니
호기심 한 올 한 올 빗질한 설렘 자락
인증샷 셀카 찍으며 나풀나풀 웃는다.
- 「실버들」 전문

실버들은 한국 시문학 속에 자주 등장하는 소재다. 조선시대 홍랑은 1583년 함경도 경성의 관기였는데 당시 북평사로 와 있던 최경창과 인연을 맺는다. 이듬해 서울로 돌아가는 최경창과의 이별을 아쉬워하며 함관령에서 지은 시가 바로 '묏버들'이다. 또 김소월의 시 '실버들'은 가는 봄의 아쉬움을 노래하고 있다. 실버들은 이처럼 오래전부터 사랑받았던 소재이다. 현대시와 노래 가사 속에서도 자주 등장하는 것이 실버들이다. 그건 실버들이 가진 운치와 실버들의 가느다란 가지의 흔들림이 많은 이들의 가슴을 파고들어서일 것이다. 우리가 익히 알고 있는 동요 "아가야 나 오너라 달맞이 가자"의 2절에서도 실버들은 등장한다. "머리 감은 수양버들 거문고 타며, 달밤에 소금쟁이 맴을 돈단다"처럼 노랫말이 서정적이라 듣는 순간 향수에 젖게 한다. 이처럼 사랑받는 실버들을 시적 화자는 자신만의 관점으로 재해석하고 있다. 발랄한 감각이 느껴지는 시조다. 이 시조에서의 시적 화자는 봄날의 버드나무를 마치 사춘기 소녀처럼 의인화하여 묘사하고 있다. 특히, 물이 올라 연둣빛으로 물오른 나무를 사춘기의 호기심과 설렘으로 비유하며, 나아가 물가에서 버드나무 잎이 흔들리는 모습을 셀카를 찍으며 웃는 모습에 빗대어 표현하고 있다. "물오른 사춘기가 연둣빛 덧칠하니"에서 통통 튀는 사춘기의 소녀들이 엿보인다. 그 소녀들은 "호기심 한 올 한 올 빗질한 설렘 자락"으로 하루를 맞이할 것이다. 하지만 현실은 시험이라는 경쟁 속에서 무기력으로 하루를 보낸다고 한다. 참으로 안타깝다. 시적 화자는 그런 경쟁이 안타까워 호기심 한 올 한 올 빗질하며 설렘으로 아침을 맞이하며 살아야 한다고 얘기하고 있다. 물가에 있는 실버들은 수면에 비친 자신의 모습을 바라본다. 그 장면을 "인증샷 셀카 찍으며 나풀나풀 웃는다"라고 표현하고 있다. 재미있는 표현이다. 밝고 생기 넘치는 이미지와 현대적인 감각을 통해 봄의 정경을 포착해내는 데 성공하고 있다.

쉼 없이 흔들려야 산다는 저 가을색
여린 맘 못 숨겨서 들키고 만다는데
바람은 어찌하자고 춤추자며 꼬시나

그리움 가득 채워 서둘러 핀 꽃향기
추억에 울컥 젖는 그 옛날 고향 내음

깊숙이 닫힌 마음창 활짝 열어 반긴다.
― 「코스모스」 전문

 이 시조에서의 시적 화자는 한국의 전통적인 정형시조의 형식에 따라 가을의 상징인 코스모스를 주제로 노래하고 있다. 천상병 시인의 시 「귀천」은 삶을 아름다운 소풍이라고 표현하고 있다. 어떤 면에서 보면 맞는 말이지만 하루하루 먹고사는 일을 해결하며 살아야 할 현대인들에게는 그 말이 부담스럽다. 삶은 결코 호락호락하지 않기 때문이다. 천상병 시인처럼 "저 세상에 가서 이승의 삶이 아름다웠노라"고 말하고 싶지만 그러기 위해서는 출렁이는 생의 바다를 잘 건너야 한다. 시적 화자는 코스모스를 "쉼 없이 흔들려야 산다는 저 가을색"이라고 정의를 내리고 있다. 멋진 정의다. 우리는 매시간마다 쉼 없이 흔들린다. 감정이 흔들리고 생각이 흔들리고 생의 방향이 흔들린다. 그렇게 흔들리며 하루를 보내고 한 달을 보내고 일 년을 보내며 살아간다. 흔들리지 않기 위해 내일의 방향을 잡고 나아가지만 "여린 맘 못 숨겨서 들키고 만"다. 코스모스를 통해 우리의 모습을 잘 나타내고 있다. 쉼 없이 흔들리는 코스모스, 흔들리면서도 하루를 살아내는 코스모스처럼 우리도 그렇게 하루하루 살아내고 있다. 그런데 여기서 가을 바람은 춤추자며 자꾸 꼬시고 있다. 낭만을 느껴보라며 삶의 여유를 가져

보라며 바람은 꼬시는 것일까, 아니면 어떤 일탈을 위해 유혹하며 삶을 꼬시는 것일까. 그것이 무엇인지 알 수는 없으나 우리는 늘 유혹을 받는다. 그 유혹 속에서 성장하며 아파하며 또 살아간다. 2수에서는 고향에 대한 그리움을 그리고 있다. 코스모스향이 "그리움 가득 채워 서둘러 핀 꽃향기"란다. 삶이 힘들수록 고향이 그립고 부모님이 보고 싶다. 어릴 적 또래들과 함께했던 "추억에 울컥 젖는 그 옛날 고향 내음"이 꽃향기와 함께 코끝을 자극한다. 어린 시절은 가고 없지만 "깊숙이 닫힌 마음창 활짝 열어 반"기고 있다. 시적 화자는 코스모스가 흔들리면서도 살아가는 모습을 통해, 연약한 마음이 바람에 흔들리는 상황을 묘사하고 있다. 특히, 꽃향기와 함께 떠오르는 고향에 대한 그리움과 아련한 추억의 정서를 강조하며, 닫혔던 마음의 창을 활짝 열어 그 감정을 반기는 내용을 담아내고 있다.

이파리 꽁꽁 얼어 움츠린 봄의 처소

시리게 피었다가 꽁꽁 언 번지수들
심통난 폭설 때문에 꼼짝 못한 주소지

파묻힌 눈 속에서 조금씩 침범되는
봄햇살 한 자락은 화들짝 놀라는데
안간힘 밀어붙이는 고집불통 어쩌나.
- 「꽃샘추위」 전문

 이 시조에서의 시적 화자는 봄의 초입에 갑작스레 찾아온 추위, 즉 꽃샘추위의 상황을 주된 내용으로 다루고 있다. 어제와 함께 시간이 흘러갔다고 모두 다 흘러간 것은 아니다. 몸이 기억하고 마음이 기억하는 어느 시점의 체험은 시의 씨앗이 된다. 그 체험이 육화되어 시의 바탕을 이룬다. 이렇듯 경험은 감각을 자극시키며 사색을 발아하게 만들고 시인은 그 오래된 기억을 불러들여 형상화한다. 시간 저편의 모호한 감정까지 꺼내 새로운 시각으로 재생시킨다. 그러기 위해서는 호흡을 가다듬는 지점들이 있어야 한다. 가파른 삶의 층계참이 있듯 시인에게도 '시'라는 층계참이 있어야 한다. 거기서 사라진 기억을 시로 서술하며 어떤 깨달음을 얻기도 하고 휴식도 취해야 한다. 독자는 그 깨달음과 그 휴식을 통해 에너지를 충전한다. 우리는 살면서 고집스런 인물도 만나고 고집스레 밀고가는 상황과 맞닥뜨린다. 그 고집을 시적 화자는 꽃샘추위로 해석하고 있다. 발상이 신선하다. "이파리 꽁꽁 얼어 움츠린 봄의 처소/ 시리게 피었다가 꽁꽁 언 번지수들/ 심통난 폭설 때문에 꼼짝 못한 주소지"가 꽃샘추위란다. 낯설게 하기에 성공하고 있다. "꽁꽁 언 번지수들", "꼼짝 못한 주소지"에서 신선함이 느껴진다. 계절이 바뀌면서 마주치는 풍경을 그냥 흘려보내지 않고 자신만의 독특한 시선으로 들여다봐야 한다. 관습과 일반적인 인식을 깨뜨려야 한다. 스스로 자신을 고립시키는 인식 속으로 진입하여 독특한 시선을 던져야 한다. 그 시선이 낯선 오브제와 조응한다. 여기서 발휘되는 상상력은 시의 힘을 증강시킨다. 새로움을 추구하는 시의 작업은 기존의 서사 구조를 지우고 다층적인 구조를 위해 자신의 생각을 깨뜨리며 시의 골조를 만들어가야 한다. 이 시조에서는 잎이 얼어 움츠러들고 눈 속에 파묻혀 움직일 수 없는 봄의 주소지를 꽃샘추위라 묘사하고 있다. 그리고 심술궂은 폭설 때문에 봄이 힘겨워하는 모습을 표현하고 있다. 그리고, 봄이 따스한 햇살 한 자락을 통해 다시 피어나려 노력하고 있는데 꽃샘추위는 고집스레 추위를 밀어붙이고 있다고 묘사하고 있다. 우리가 살면서 한 번쯤은 만났을 타인의 고집 또는 우리 자신의 고집을 이 시조를 통해 만날 수 있어 색다른 느낌으로 다가왔다.

촘촘한 뙤약볕이 초록빛 물어 오고
옹골찬 생의 의지 여름을 집어 들면
야무진 저 옥니들은 까르르르 웃는다

맹렬한 태양 앞에 수염이 먼저 나면
부끄럼 많아져서 안으로 숨어들고
괜스레 헛기침 소리 꽃구름만 부른다.
- 「옥수수」 전문

 이 시조에서의 시적 화자는 옥수수의 성장 과정과 그 생명력을 비유적으로 노래하고 있다. "촘촘한 뙤약볕이 초록빛 물어 오고/ 옹골찬 생의 의지 여름을 집어" 들면 옥수수는 쑥쑥 자란다. 옥수수의 성장을 얘기하는데 사춘기에 접어든 소년을 보는 것 같다. 새로운 착상이다. 새롭다는 것은 도발적인 것과는 다르다. 일회성의 충동적인 이끌림은 지속성이 없다. 시조의 역할을 다하면서 새로움으로 읽히

려면 시적 대상을 응시하는 힘이 있어야 하고, 그 힘은 작품 전체를 관통해야 한다. 도발이 고작 도발로만 끝나면 안 된다. 작품의 깊이를 더해주는 자신만의 사유가 뒷받침되어야 시조는 생명력을 얻는다. 시적 화자는 말하고자 하는 시적 사유를 작품의 중심축으로 만들어내야 한다. 시적 상상력을 시조에 담아 유기적인 맥락을 이어갈 줄 알아야 한다. 독자는 그 유기적인 구조 속에서 유대감을 느끼며 자신의 삶을 꺼낸다. 옥수수를 바라보며 옥수수와 문학이 겹치는 어떤 지점들을 시인은 포착했을 것이다. 자신의 경험을 끄집어내어 시적 공간을 만들었을 것이다. 그러기에 "야무진 저 옥니들은 까르르르 웃"고 있는 것이다. "맹렬한 태양 앞에 수염이 먼저 나면/ 부끄럼 많아져서 안으로 숨어들고" 있는 옥수수에서 부끄럼 많은 사춘기의 소년이 보인다. 소년에서 이제는 남자로 변해가는 모습에 부끄럼이 생겨 자꾸만 숨어드는 모습이 귀엽다. 특히, 이 시조에서 강렬한 여름 태양 아래 옥수수가 단단하게 여물어 가는 모습을 생명의 의지로 표현하고 있다. 옥수수의 낟알이 단단한 옥니에 비유되어 기쁨의 웃음으로 묘사되고 있고, 옥수수수염은 부끄러움을 상징하는 듯이 안으로 숨어드는 모습으로 그려지고 있다. 전반적으로 뜨거운 자연 속에서 성숙해 가는 옥수수의 생태를 섬세하고도 감각적인 언어로 포착해내고 있다.

글썽인 문장들이 매달린 허공의 방
가슴에 스며드는 외로움 궁글리며
홍매화 설움 밀치고 봄의 표정 들인다.
- 「우중매雨中梅」 전문

 이 시조에서의 시적 화자는 빗속의 홍매화를 통해 허공에 매달린 쓸쓸한 문장들과 가슴에 스며드는 외로움 같은 정서적 이미지를 제시하고 있다. 시인은 자신이 처한 상황에서 포착한 "감정의 숨결"을 기억의 슬하에서 오래 묵혀둔다. 그러다가 우연한 경험과 만나 특별한 감각의 기호로 다시 일어선다. 예측할 수 없는 사건들, 변화무쌍한 변화들이 벌어지는 시간대에서 오래 묵혀둔 그 감정의 결은 시인의 마음을 두드린다. 그 감정의 결이 녹아든 개인의 경험을 일

반화하며 시조에 담아내는 작업이 쉽지만은 않겠지만 자신만의 철학적 질문을 던지며 성장과 성숙으로 나아가는 작품을 완성해야 한다. 이 시조에서는 어떤 정서들을 만나게 된다. 시적 화자는 그 정서를 발견하고 감성적인 언어들로 구체화시키며 표현한다. 단편적인 감각의 틀을 벗어나기 위해 사유의 힘을 끌어와 성숙으로 나아가는 걸음이 이 시조에서 보인다. 아무리 노력해도 벗어날 수 없는 외로움 같은 감성들을 "글썽인 문장들이 매달린 허공의 방"이라고 한다. 신선하다. 지상의 방도 아닌 허공에 떠 있는 방, 그것도 글썽인 문장들이 매달려 있는 방이란다. 빗방울을 외로움이라는 정서로 해석하며 다시 글썽이는 허공의 방으로 해석하고 있다. 외로움에 사무쳐 밤을 설쳐도 우리는 또 내일을 살아야 하고 모레를 살아내야 한다. 시적 화자는 그 의지를 "가슴에 스며드는 외로움 궁글리며/ 홍매화 설움 밀치고 봄의 표정 들"로 표현하고 있다. 빗속의 홍매화를 형상화했는데 왠지 쓸쓸함과 긍정의 표정들이 보인다. 아름다운 수채화 같으면서도 안간힘으로 일어서는 삶의 뒷모습이 겹친다. 또한 시적 화자는 홍매화의 설움을 밀어내고 봄의 표정을 들여오는 희망적이면서도 고독한 감정의 전환을 표현하고 있다. 그리하여, 시적 정서와 계절의 변화를 짧은 시조 형식 안에 응축하여 보여 주고 있다.

가을볕 등에 업고 새겨진 칼의 노래
흙의 옷 입고서도 불 뿜는 숭고한 도刀
오로지 이 나라 민초 사랑하는 그 마음

솔바람 고개 숙여 홍살문 들어가자
아직도 침묵 품은 거룩한 칼의 자세
찬이슬 맞아가면서 일어서는 저 칼집

충무사 들려주는 칼과 불 말씀들이
가슴에 마음제단 쌓으며 안겨 오면
투명한 쪽빛 공중은 귀기울여 듣는다.

-「월송대月松臺」전문

이 시조에서의 시적 화자는 가을 햇볕과 흙의 옷을 입고 있는 칼의 숭고함을 노래하며, 오로지 이 나라 민초를 사랑하는 충무공의 마음을 강조하고 있다. '월송대'라는 이름만으로도 내면에 고요한 파장을 일으키는 무게가 있다. 아픔

너머에 있는 따스한 에너지가 느껴진다. 현재의 위치를 알려면 과거의 역사적인 발자취를 살펴봐야 한다. 그래야 친숙한 감각을 환기하며 남다른 체험을 펼칠 수 있다. 현재의 틀을 벗기 위해 충돌하고 출렁이는 역사의 지점들을 만나야 한다. 그 힘으로 창작의 시작을 시도할 수 있다. 이 시조는 '월송대'를 통해 그 시대의 어려움과 중요하게 여겼던 가치와 아픔을 들여다보고 있다. 이 시조를 통해 월송대와 충무공 그리고 시적 화자가 만나고 있다. 역사의 시간을 관통하는 감성의 총량, 칼에 스며든 여러 층의 빛과 그림자를 따라가고 있다. 여기서 칼은 숭고하다. "가을볕 등에 업고 새겨진 칼의 노래/ 흙의 옷 입고서도 불 뿜는 숭고한 도刀/ 오로지 이 나라 민초 사랑하는 그 마음"이 지금도 '월송대'에 새겨져 있다. 문득 고개가 숙여진다. "불 뿜는 숭고한 도刀"를 위해 충무공이 걸어왔던 길은 끝없는 가시밭길이었다. 그 가시밭길을 마다하지 않고 걸었던 이유는 민초를 사랑하는 그 마음 때문이었다. 우리는 그 마음에 감사하며 이 땅을 잘 지키고 있는가, 문득 그런 의문이 든다. 내란 척결을 외치고 있지만 내란 척결은 오리무중이다. 임진왜란 이후 500여 년이 흘렀지만 여전히 일본은 우리나라를 호시탐탐 노리고 있다. 우리는 역사를 통해 깨우쳐야 한다. 딱딱한 역사책은 가슴에 스미지 않지만 시조는 가슴을 두드리는 어떤 마력이 있다. 영혼을 정화시키고 어떤 방향으로 나아가게 만드는 힘이 있다. 시적 화자는 우리에게 지금 무엇을 해야 하나, 월송대의 아픔을 잊지 말고 세상을 향해 끊임없는 질문을 던지며 답을 찾자고 말하고 있다. 책이 아닌 시적 코드로 다가가면 독자들은 거부감 없이 받아들이기에 시인은 역사의 목소리를 오늘로 소환하여 나아갈 방향을 말해야 한다. 여기저기서 우크라이나 전쟁과 함께 3차 세계대전은 이미 시작되고 있는 것이라며 우려의 목소리를 내고 있다. 그럴수록 우리는 '월송대'와 같은 역사시로 우리의 입장을 대변해야 한다. 3수에서는 충무사를 통해 전달되는 칼과 불의 말씀이 듣는 이의 마음제단에 안겨 오는 모습을 묘사하고 있다. 월송대는 노량해전에서 전사한 충무공의 유해가 열흘간 안치되었던 곳이라는 역사적 배경이 시 전체의 감동을 안겨 주는 데 기여하고 있다.

진노랑 고운 얼굴 햇살이 내려앉고

가슴속 숨긴 열정 소롯이 미소 짓다
말없이 고개를 들어 빙빙 돌며 서 있다

여름이 익어 가면 고요히 빛 삼키고
황금빛 태양 닮아 속살이 송골송골
활짝 편 탐스런 규화葵花 토실토실 여문다

긴 허리 휘어잡고 바람에 온몸 맡겨
발가락 젖은 채로 흙속에 마음 묻고
여름꽃 한 송이에도 하늘의 뜻 깊구나.

- 「해바라기」 전문

  이 시조에서의 시적 화자는 해바라기의 밝고 고운 얼굴에 햇살이 내려앉는 모습을 묘사하고 있다. 시적 화자는 해바라기를 통해 하늘의 뜻을 깨달으며 우리에게 이런 질문을 던지고 있다. 해바라기처럼 우리 각자에게 주어진 하늘의 뜻을 우리는 알고 있는지, 그 뜻을 알고 잘 펼치고 있는지 묻고 있다. 해바라기를 통해 하늘이 우리에게 보내는 신호를 알아차리자며 말하고 있다. 시조는 주제를 직접 노출하지 않고 이처럼 에둘러서 표현해야 한다. 자연의 이면을 살펴보며 자연이 말하는 핵심에 귀를 기울여야 한다. 단순하게 자연을 인식하는 것으로 그치지 않고 이를 통해 시적 사유를 펼쳐 독자를 설득해야 한다. 그런 노력들이 동기 부

여의 역할을 해 독자는 시조를 받아들이게 된다. 자연은 깨달음에 이르게 하는 내적 영역이며 타인의 공감을 이끌어 내는 외적 영역이기도 하다. 기후 위기로 자연이 파괴되는 상황에서 자연의 목소리를 대신 내는 것은 그 의미가 더 크다. 결자해지結者解之라는 말이 있다. 맺은 사람이 풀어야 한다. 더 자주 더 많이 자연의 목소리를 더 높이 내세워야 한다. 자연의 협력이 없으면 지구의 평화는 이루어지지 않기 때문이다. "여름이 익어 가면 고요히 빛 삼키고/ 황금빛 태양 닮아 속살이 송골송골" 맺히고 있는 해바라기. 결코 욕심 부리지 않는다. 허세 많은 사람들처럼 떠벌리지도 않고, 해바라기는 고요히 빛을 삼키고 자신의 품만큼 토실토실 여물고 있다. 해바라기는 햇살의 기적에 눈을 뜨고 일어나 해를 바라보며 살아간다. 자신에게 주어진 몫에 감사하며 살아간다. 우리는 해바라기처럼 어떤 일에 집중하고 몰입하면 더 많은 것을 원하는데, 해바라기는 그렇지 않다. 욕심을 내려놓을 줄 안다. 이 시조는 해바라기가 고요히 빛을 삼키고 황금빛 태양을 닮아 탐스럽게 여무는 여름의 과정을 아름답게 표현하고 있다. 시적 화자는 해바라기가 바람에 몸을 맡기고 뿌리를 흙속에 묻는 모습에서 여름꽃 한 송이에 깃든 하늘의 깊은 뜻을 발견하며, 시상을 마무리 짓고 있다.

금성산 정기 타고 한옥집 지어놓고
안 여사 손맛 따라 상다리 휘어진다
폭우도 잠시 멈추고 축복으로 반긴다

술잔이 돌고 돌아 웃음꽃 피어나고
황옻에 삶은 통닭 빛깔이 반짝반짝
오늘은 우정의 향기 술맛까지 깊구나

한평생 걸어오며 이런 날 또 있을까
정담에 젖은 시간 꿈마저 쉬어 가라
향긋한 인연 속에서 인생의 멋 영근다.
- 「금안골 한옥집 잔칫날」 전문

　이 시조에서의 시적 화자는 금성산의 정기를 받은 한옥집에서 벌어진 즐거운 잔치 정경을 묘사하고 있다. 잔치는 "안 여사 손맛 따라 상다리 휘어진다"로 표현되고 있다. 상다리가 얼마나 휘었길래 "폭우도 잠시 멈추고 축복으로 반"기고 있는 것일까. 허공도 폭우를 멈추고 잔칫상에 앉고 싶나 보다. 잔칫상에는 손님들이 삼삼오오 앉아 "술잔이 돌고 돌아 웃음꽃 피어나고/ 황옻에 삶은 통닭 빛깔이 반짝반짝" 빛나고 있다. 군침이 절로 돈다. 주고받는 다정한 수다에 "오늘은 우정의 향기 술맛까지 깊"어지고 있다. 날마다 잔칫상을 받을 수는 없지만 잔칫날이면 반가운 지인들을 만나니 그동안의 아픔을 잊을 수 있는 것이다. 삶은 고단함의 연속이지만 그 속에서 이런 잔칫날과 잔칫상이 있으니 우리는 또 웃으며 살아갈 수 있는 것이다. 시적 화자는 이날의 잔치가 무척 좋은지 "한평생 걸어오며 이런 날 또 있을까"라며 감탄하고 있다. 시적 화자는 안 여사의 뛰어난 손맛으로 차려진 푸짐한 음식과, 잔치에 모인 사람들이 나누는 따스한 우정과 정담을 중심으로 잔치의 분위기를 생생하고 전달하고 있다. 특히, 폭우마저 멈추고 축복하는 듯한 날씨 속에서 웃음꽃을 피우며 인생의 깊은 맛을 나누는 소중한 인연의 순간을 노래하고 있다.

이처럼, 양회락 시인의 시조들은 엄격한 정형율격 위에 다채로운 감성을 담아내고 있다. 주로 자연의 풍경과 계절의 변화를 섬세하게 관찰하고 묘사하여, 특히 봄에 피는 매화, 벚꽃, 산수유나 가을의 정취를 느끼게 하는 코스모스, 억새, 단풍을 배경으로 인생의 감정, 추억, 그리움 등을 노래하고 있다. 또한 잔칫날의 풍경, 기차 여행, 역사적 장소 등 다양한 소재를 통해, 일상 속의 깨달음과 인간적인 정서를 시적인 언어로 표현하고 있다. 시조의 정형율격의 테두리 내에서 짧고 함축적인 구절들을 활용하여 자연과 삶에 대한 깊은 사색을 전달하는 데 성공하고 있다. 시인은 태어나서 지금까지 겪었던 일상사부터 역사도 훑어보고 풍속이나 사물, 꽃, 명승지, 시심, 옥수수, 실버들, 코스모스, 꽃샘추위, 낙화, 왜가리 등까지 사회와 자연 전반을 시인의 예리한 눈길로 관찰해내면서, 그 속으로 흐르는 삶의 철학과 진리와 진실을 발견해내고 있다. 그리하여, 여러 각도로 감성의 세계를 바라보고 해석해내어, 우리에게 아주 작은 진리의 길, 순수의 세계, 행복의 길을 제시해 주고자 하고 있다. 그것을 이미지 구현과 낯설게 하기와 리듬의 그릇 위에 올려놓고자 여러 노력을 기울이고 있음을 감지할 수 있다. 주제 노출보다는 보다 선명한 이미지를 통해, 진부한 표현보다는 보다 새로운 해석, 즉 낯설게 하기를 통해, 거친 호흡보다는 아주 정갈한 리듬을 통해, 시적 형상화를 이뤄내고자 최선을 다하고 있는 모습이 엿보여 감동적이다. 시조 한 편의 완성과 작품성을 위해 최선을 다하는 양회락 시인에게 이 시간 아낌없는 박수를 보낸다.

부디, 꾸준한 시조 창작 생활을 유지하여 앞으로도 제2, 제3 시조집을 알뜰한 열매로 거두기를 바라고, 여생 내내 한결같은 시조 사랑의 길을 걸어갔으면 좋겠다. 앞으로도 향긋한 행복의 나날이 계속 이어지길 빈다.

- 선선한 날씨, 아주 살짝 내리는 가을비에 행복해 하며
한실문예창작(12개 문학회) 지도 교수 박덕은
(문학박사, 전 전남대학교 교수, 국어국문학과장 역임,

대한시문학협회 회장, 노벨재단 이사장, 박덕은 미술관 관장,
광주시민사회단체(523개)총연합회 대표회장,
중앙일보 신춘문예 당선, 전남일보 신춘문예 당선,
새한일보 신춘문예 당선, 광주문학상(제1회), 김현승 문학상,
빛고을 문학상 수상, 시인, 문학평론가, 화가,
저서 『현대시창작법』 등 132권 발간)